Claves de siglo nuevo

(Aforismos)

Juana Rosa Pita

Claves de siglo nuevo

(Aforismos)

El Zunzún Viajero
Boston

Primera edición, marzo de 2021

ISBN: 9798701183429

Diseño y maquetación: Mario Alejandro Pita
En portada: Il tufattore (El clavadista), pintura griega al fresco,
Museo de Paestum, Italia

Impreso en Estados Unidos de América

Correspondencia con la autora:
amatori48@gmail.com

Notas de la autora

Claves de siglo nuevo se escribió en Miami entre 1979 y 1983. De ellas 24 aparecieron por entonces en dos entregas sucesivas del plegable Palabra solar (tituladas Claves de Solar I y II), otra cierra el poemario Plaza sitiada (1987) y otras once, en mi propia versión italiana fueron publicadas por Spiritualitá e Letteratura (Palermo, 1998), bajo el título Logica dell'anima. Acaso para poner a prueba sus decires y añejar su esencia las restantes 154 permanecieron en solera por 18 años. Creo llegado el momento de entregar el conjunto en su totalidad.

Miami, julio de 2001

2

No fue posible publicar el libro entonces y decidí entregar 45 en un plegable de El Zunzún Viajero formato grande, para distribuir entre amigos y colegas. Seguidamente, la selección fue reproducida por la gaceta Artes y Letras de Managua, que alentaba Pablo Antonio Cuadra, y casi simultáneamente por la revista Alhucema de Granada. Las restantes 81 cayeron en mi olvido hasta que, por una de esas

sincronías que solo la poesía y la física cuántica ven
con naturalidad, buscando otro documento di con
la colección y debo confesar que me sorprendí al
verla tan nutrida y deliberadamente estructurada
desde principios de siglo XXI. Y es que al parecer
su momento no había llegado… Solo luego de
enriquecerse con las iluminaciones que ahora surgidas
a partir del encuentro con The Beautiful Invisible
(2011) y su autor, Giovanni Vignale, veo que
conforman la piedra rosetta de mi obra. Además, no
veo otro modo de liberarme de ella e impedir que siga
reapareciendo, cual número CERN, a reclamarme.

Boston, enero de 2021

En secreto envidia el filósofo el realismo del visionario.

And what rough beast, its hour come round at last Slouches toward Bethlehem to be born?

W B Yeats

Para comprender mi no inteligencia he sido obligada a volverme inteligente.

Clarice Lispector

Bienaventurados los que saben atender, valientes, su cosecha de ensueño.

I
Dios, historia y mundo

No consentir a Dios equivale a perderse lo Inefable.

A veces los poetas sentimos deseos de decirle al mundo: "!Ahí te quedas!" Pero somos demasiado prácticos para dejar de escribir.

Cierto que hay golpes…, como dijo Vallejo. Pero no hay que llamar odio de Dios a la desidia (o la maldad) de los hombres.

Antes de ir a morir al monte de la filosofía, Dios partió el sueño y dijo: "Aquí quedo, soñad en memoria mía".

Que nadie me siga: puedo salvar a Dios mas no a los hombres.

Es tan ominoso el signo de los tiempos, que creo en el milagro.

De la amistad con Dios atesoro la costumbre de compartir el pan y el vino.

Lo natural es simple y luminoso: dos seres afines se encuentran y son inseparables. Así es entre los animales y los ángeles. ¿Qué desatino humano habrá instituido el laberinto en que se pierden los que se aman?

Lo que realmente es no precisa historia. Hay grandes poemas como hay grandes amores; hágase o no una historia de la poesía o del amor.

La vida puede ser cómica o trágica. Pero sólo en el último caso el final es feliz. Para divertir, aquella degrada la meta, esta la magnifica hasta morir.

Pensar que Dios ha debido darse por muerto para que
nos dejen vivirlo en paz.

La actitud histórica consiste en prestarse a ser juguete
ciego de procesos que, previo cambio de máscaras,
garantizan la perpetuación de horrores.
Seamos eternos.

Todo genocidio se perpetra con la connivencia de
los contemporáneos, para indignación de futuras
generaciones que lo condenarán, mientras se lavan
las manos ante al genocidio en curso que deberían
impedir.

La mayor deferencia de Dios a nuestra libertad es
también su mayor sutileza: prestársenos a arder, ser tan
sólo posible. Si se rebajara a existir dejaría de ser Dios.

Quienes se empeñan en negar a Dios no debieron darlo por muerto. ¿Puede saberse cómo van a impedir su resurrección?

Es contraproducente empecinarse en imponer la justicia a cualquier costo: preciso es propiciarla y merecerla. Menos dañino y más fácil sería dedicarse a domar árboles.

Es impresionante lo distraídos que somos: después de la muerte de Dios nos ha dado por fundar religiones (inferiores).

Para negar a Dios hay que haberlo extrañado demasiado.

Donde Dios es persona non grata, el amor es subversivo y campean los ídolos.

Hay árboles que cantan y pájaros que siembran. Todo sueña, en especial las rosas que vigilan los ocultos deseos.

No es la poesía de la vida lo que relumbra, sino la vida de la poesía.

La vida sólo parece corta a quienes no han sufrido la eternidad de ciertas horas.

Cuando las rosas sean de marfil y las torres de pétalos, entonces….

Pensar que hay doce dimensiones… Siendo nuestro conocimiento del mundo tan incompleto, ¿cómo tomar decisiones lógicas sin la intuición poética?

Como el apóstol Pablo dio a entender, donde habita
el amor sobran las leyes.

En tiempos de sarcasmo brutal no nos basta el aroma
de la rosa: nuestra palabra ha de tener la alusiva
fragancia de la orquídea.

II

La sutil libertad de ser quien se es

Sepan tiranos e insensibles que el poeta y el poema son hologramas vivos: aunque los partan en mil pedazos, el ser permanece intacto.

No escribo para el pueblo. Escribo para ti (quien seas), que vibras a dos brazos, un nombre y media soledad.

El poeta se especializa en anticipar en el poema y propiciar en la vida: el poeta es un héroe del presente, sólo plenamente reconocible en el futuro.

Los seres humanos suelen ser esclavos de sus ojos; pocos tienen el coraje de afirmar un mundo en tierra de nadie, es decir: entre la realidad y el Paraíso.

El hombre nuevo es tan viejo como la humanidad, pero escasea. Madura intimando amor que es fruto del espíritu.

El ser humano tendrá que enfrentarse al colmo de
las paradojas: ser su propio hijo. Hay que ser valiente
para prestarse a renacer de mujer y espíritu.

Cuando todos los seres humanos hayan superado la
adolescencia celebrarán con el poeta, sin temor de ser
niños. ¡No puedo esperar!

La humanidad se divide en dos: los que sienten el
espacio y los que sienten el tiempo. Sobre el vacío nos
sostenemos quienes a veces sentimos la eternidad.

La esperanza es una virtud que en el tiempo parece
vicio de eternidad.

¿Qué tiempo sobrevivirá un gorrión sin alas en medio
de la selva, o el hombre en sociedad sin hermosas
pasiones?

No me arredran los muros, las ideologías, la distancia, el silencio, porque traspasándolos el alma se nos vuelve olímpica.

La poesía es la única instancia en que hay que morirse para hacer el cuento. Pero la muerte es una coartada: somos irremediablemente eternos.

Perderlo todo es del color del hombre; pero perder lo que no se ha tenido, eso es el fin.

No es inmortal quien quiere (más vivir), sino quien (cada día) muere.

Creen que todo lo pueden secuestrándote el pan, la libertad, la vida. ¿Pueden acaso privarte de tu muerte?

El ser humano es un proyecto en vías de dicción:
aspirante que exige sus derechos antes de ser lo que es.

Sade es el prototipo del esclavo (de sí mismo)
irredimible; y su obra una patética apología de la
esclavitud del ser. Ejerció ferozmente su albedrío,
sí…, pero sólo en el ámbito de la no-libertad.

Lo más libre en el hombre es lo que usualmente se
clasifica como error humano. Quien mucho ha errado
descubre que la vida da redonda precisamente por
falta de cálculo.

Quienes no valoran la libertad interior sin dudas han
de sentirse prescindibles, o muertos.

Hasta para crear las obras más lúdicas hace falta un
pasional reducto de saudade. ¿Verdad Chopin?

Con la noche comparto la promoción de luces.

Guía rítmica para viajar en sueños: corazón insurgente y piel de seda… En lo oscuro lo reconocerás.

No, Vallejo: todos los hombres juntos no podrían resucitarlo. Una mirada sí: ¡álzase y anda!

El amor compartido no es una culpa, sino una gracia.

Sin una sensibilidad mágica, abierta y predispuesta a propiciar y aceptar el milagro, se podrá inflamar todo lo que se quiera el ego, pero no llegar a ser.

III

Amor bajo palabra o La poesía

La poesía es amor por otros medios y hacia fines
desconocidos

Deja todo lo que tienes, entra en Poesía y encontrarás
la vida nueva.

El amor es una comunidad de bienes gananciales del
espíritu: cobra cuerpo en obras y poemas. Lo demás
es tormenta.

Puede que el amor sea una ilusión. Pero sólo si lo
sobrevivimos. ¡Vida, cuántos desamores se comenten
en tu nombre!

La gran paradoja de la superpoblación es que todos
somos indispensables: el amor es una carrera de
relevos a infinito.

Para amar mejor no hay que ir muy lejos: en
cuestiones de luz poco da ser tortuga.

No son nada tus labios: la cápsula del ser está en el
beso.

El soberano orgullo de quien ama es la humildad. En
eso se le nota lo de Dios. Y en la osadía de crear.

No busco la palabra que diga el desamor porque no
tiene sentido allí de donde vivo.

La poesía suele ponerle a la vida los pedales en
aquellos compases que el amor exige se intensifiquen,
se liguen, se sostengan.

El sueño se bifurca en dos caminos: amor y olvido.
Ambos son infinitos; es cuestión de elección y de
talento para la entrega.

Al círculo más pleno la ternura lo revela hemisferio.

Sólo en poesía somos de pan transubstancial, y soberano el universo en pleno.

Considerando el breve alcance de la caricia (aun la más larga), las manos inventaron el poema.

A los vulgares todo sentimiento elevado les parece sospechoso de poesía. ¡Y con razón!

Para hacer amor es preciso saber atender. El distraído sólo consigue hacer tiempo o, a lo sumo, revolución.

Se ha dicho la fundación del ser, la fuerza de la vida: como una montaña frente al mar, como el amor. Adivínala.

Acaso la misión de la mujer en este siglo es reinventar
el amor, dijo Octavio Paz, pero para lograrlo
tiene que ir más lejos: su misión es reinventarse y
sugerirle al hombre otro tanto, reinventando el amor
irrefutable.

Mi irrealidad es la realidad de otro. Para abrazar lo
real no hay que decir, tú eres mi vida; es preciso sentir
que yo soy tú.

No basta que el poeta tenga una visible identidad
personal, nacional o universal. La poesía requiere
sobre todo secreta identificación.

El niño se realiza jugando, y nosotros amando.
Porque amar –ya lo dijo Jesús– es la regla del gran
juego.

La poesía es a la vida lo que la cadencia a la música:
sin ella falta el ritmo y no hay sentido.

La belleza es lo fortuito en el poema: la cómplice sonoridad de la vida al percibir nuestra apasionada fe de fijar su intensidad descubriendo el sentido.

Saber contener el temblor de la voz y el brillo de los ojos, porque también el amor debe ser ara.

En la novela realista la palabra narra una aventura que implica una experiencia vicaria. En la poesía real, la palabra inicia una aventura que propicia una experiencia binaria.

En el país de la luz cuatro brazos cardinales hacen cruz en lo oscuro. Cada vez que sus dedos se rozan en el centro: ¡albores de la danza!

IV

Apuntes para la salud del alma

La palabra muere en la idea y resucita en la emoción.

Hago amor: me declaro culpable de atentar contra los poderes de la discordia.

En las cosas del espíritu es preciso pecar de exceso: sólo la sobreabundancia tiene poder sobre la inercia de la materia.

Si quedara al descubierto tu secreto amor, ¿te sentirías honrado? Alégrate, tu vida es impecable.

Decir el placer es un gozo, y decir el dolor. La luz contiene todos los colores y no a la inversa.

No basta lucidez para que haya poema: es preciso que la palabra incida en el Misterio con fuerza concertada de rayo láser.

Si las teorías científicas no contemplan los reclamos del ser, ¿para qué sirven? Cuando padece el alma no hay paraíso que valga.

No se me acuse de ideóloga cuando digo: Creo en el sol perdurable, creo en el pan de amor y le lavo los pies al hombre. Se trata de una osada fe.

Como la vanidad es inevitable, asegúrate de estarte luciendo ante el Dios vivo. ¿Qué gracia tendría lucirse ante los mediocres?

Si quieres ganarte el respeto de los enemigos del alma, desmiénteles sus mitos. Ellos te ignorarán para ocultar la herida.

A estas alturas de la historia, ¿qué gracia tiene que sepamos hacer crecer un árbol? La gracia está en dejar que el árbol nos ayude a crecer.

No hay que temerle a la muertensí sino a la
muertenvida.

No te importe quién eres sino en quién: el pétalo
jamás quebrantaría su identidad a la flor.

Somos los hilos, pero también quien teje. Y claro, el
movimiento.

Si deseas medirte con el mundo futuro expande tu
interior, arqueólogo del alma.

Lo imposible no es más que la realidad antes de
que el deseo la imagine. Si no fuese latencia, ¿cómo
podría levantarnos la voz?

Los capataces del cuerpo se empeñan en hacer de
la obstinación virtud endógena. ¿A quién engañan?

El alma ciertamente no es una calle incapaz de
abandonar sus casas y sus árboles.

Nueva enmienda a enigma viejo: cierto que el Paraíso
terminó antes de que Adán y Eva fueran expulsados.
Pero no fue cuando les prohibieron la manzana, sino
cuando se consideraron incapaces de prescindir de
ella, por envidia de Dios.

Saber que todo lo daré por ti es fuente de alegría.
Pero más allá del bien que eso nos haga, mi más
imprecisable regocijo nace del bien que le haremos a
los que nos recelan, o sea, a los enemigos del alma.

Libre tú, que aunque puedas vivir sin mí no has de
quererlo: sabes que no todo que se se afirma y se
sostiene es vida.

La poesía nos hace metahistóricos y el amor transubstanciales. Donde quiera que estemos, ser libres nos hace inseparables.

La tristeza de Dios nubla la voz y retarda el curso de la sangre.

Daño hace el desamor, pero no tanto como el amor que anida en alma pequeña.

No es preciso que la miel se sienta; basta que detenga el influjo de lo amargo.

Puesto que estamos a merced de las palabras y de los sueños, al menos que sean ángeles quienes nos usen como instrumento.

Si la energía es indestructible, lo más inteligente no es controlar las emociones sino concertarlas. Eso sí, Charles Fourier.

Por imperfecta y castigadora que sea la materia, siempre encontrará a los amantes dispuestos a vida perpetua.

Habla el alma: Amo el placer, pero el dolor no me disgusta tanto como la vulgaridad.

La limpieza de la mente es al alma lo que la de las manos al cuerpo.

Más daño le hace al alma dejar escapar una luz que soportar un tormento.

V

Lenguaje de la verdad, verdad del lenguaje

Para ser hay que saber padecer. Para parecer, nada.

Propuesta de título para una poética inmortal: Crítica
de la realidad dura.

Hombre y hembra dándole el hombro al hambre:
lumbre. Todo juego de palabras apuesta la eternidad.

La poesía es la vida misma… mirándonos desde el
poema que escribiremos correspondiéndole.

Sólo el amor nos desburocratiza. Sólo la poesía hace
justicia. Sólo perdura la palabra. Sólo actúa la imagen.
Convenzámonos: el resto es banal o aleve.

Macrocirculación: velozmente fluye por el poema
sangre de Dios, poesía.

El cumplimiento de la memoria futura es la única magia.

El poeta no es más que un mago ilustrado: con besos por venir hace versos; de oros vitales se desteje en poema; y cuando en sí anochece saltan luces.

Ninguna muerte es natural, excepto el suicidio: muerte natural por desesperación.

¡Quién entiende a los hombres! Mostrando relaciones dan con la maravilla de la vida, ¡y la llaman ficción!

En sus metáforas más involuntarias, el poeta se traiciona a favor de la poesía, vale decir: de la verdad profunda.

Ah, los filósofos: un caudal de poesía que se niega
a sí misma. Lástima que se burocraticen. Si sólo no
construyeran la represa con que fundan otro estado
mental totalitario.

El pensamiento es al poema como el fruto a su árbol:
suceso natural que fue, no obstante, virtualidad
sembrada.

Si el poeta hace poemas como árboles es porque
alguien o algo sembró en su alma (la niebla ha de ser
buena) la savia del lenguaje. Así la lengua es sabia.

La palabra poética es el único sonido aliado del
silencio.

Mientras más me aficiono a la verdad más me apego
al silencio.

Dicen que en el país de la memoria se confunden los que han vivido con los que se apropian un pasado inexistente. ¿Será mejor soñar los preciosos recuerdos?

Extraño país es la memoria, donde sólo el que roba no despoja a nadie.

Hay quienes protestan: La vida no vale la pena. No se habrán percatado de que lo terrible sería que no valiera la alegría.

El día no nos da nunca la espalda y la noche es toda rostro. Sólo una cosa tiene espalda temible en este mundo y es el amor.

En la escena del poema la poesía es la obra, y nuestro anhelo, el apuntador.

Entre todas la ciencias, tan sólo la del ser no da ruido por nueces.

Cultiva tu silencio: único trueno capaz de estremecer la nada sin perturbar su música.

La irrealidad no abandona: se entreteje al deseo reclamando su derecho a la vida.

La luz tiene colores nostálgicos de sombra (no es un decir).

Cuando la poesía le hizo al espejo la célebre pregunta, éste le respondió: Sí, pero la verdad es más hermosa que tú.

Si hay que meter en fuga las palabras no es tanto para
que nos digan como para que nos piensen: la verdad
tiene vías que el discurso amaestrado desconoce.

Por real gusto y santa conveniencia se sumerge el
alma en las termas verbales: el peor mal de tiempo se
cura en el poema.

Economía vital: cuánto umbrío rechazo se precisa
para que vibre un poco de cariño.

El amor respira en la presencia de la persona amada, o
en el discurso que atesora su imagen.

VI

Racional pero divino: el signo de las mutaciones

Enseñaron los griegos la importancia del uso de razón. Y nosotros, poema mediante, mostraremos la del uso de amor.

Cierto que jamás se ha probado la existencia de Dios. Tampoco su muerte.

Lo divino en el hombre es otra prueba más de la indestructibilidad de la energía: se le sale demonio si lo niega.

Divinizar la razón no deja de ser un gesto irracional de infantilismo pasatista.

Da pena ver cómo proclaman a Dios los que jamás dan santuario al Misterio. Más les valdría creerse ateos que, en descuidos de la razón, se prestan a ser templo.

El uso de razón no explica el diferencial maravilloso de algunos individuos, como la facultad de procesar la clorofila tampoco explica la maravilla de ciertas flores.

No hay nadie más obtuso que un animal racional negado a lo divino.

La religión formalística tiende a construir reservaciones donde el animal político margina lo divino.

Por parte de historia, la Iglesia visible se funda en un malentendido acaso inevitable: tomar la piedra por el hombre.

El más político de los animales escupió a Dios, sólo para convertirse en su mimo.

No se apartan entre sí los hombres por saber más o menos, por ser tradicionales o modernos; lo que los aparta o hace diferir radicalmente es la atmosfera del paisaje anímico en que suelen respirar.

El ser humano se diferencia de los animales en que puede llevar paisajes a cuestas.

A lo largo de siglos y milenios el paisaje de los malvados resulta monótonamente inmutable: sólo amando y creando se logra diversificar la geografía síquica.

A un crítico intransigente:
   Mi servidumbre es irrenunciable, pues la poesía, a diferencia de la gramática, no acepta un segundo lugar. ¿Verdad, Juan de la Cruz?

En los confusos tiempos modernos, aparecer o no
como cristiano con frecuencia resulta irrelevante: el
Hijo opera mediante agentes sembrados que apenas
reconocen que lo son.

Hay gente que viaja constantemente sin que por ello
cambie de paisaje.

Discutir sobre la existencia de Dios nos resulta
tan innecesario como a Aladino discutir sobre la
maravilla.

La confianza en el Paraíso crece en razón directa
(y proporción geométrica) a lo llovido desde la
expulsión.

La noche crece hacia el alba cuando le hablamos. Y si
tenemos paciencia, nos responde.

La lógica marina adolece de ingravidez y hace arder
la mirada, pero rige y protege las riquezas del fondo,
dejando campo libre al hipocampo.

Un soplo callado me acarició diciendo: Dile adiós a
tu patria, olvídala, y desde tu orfandad, hazle un altar
de ensueño.

Para tener "lo mejor de ambos mundos", lo que en
verdad se recomienda es traicionar al mundo cuyo
mejor compensa por lo peor de ambos y que sólo se
entrega por entero.

Oración para quienes han elegido el mundo raro:
Líbreme Dios de perder la fecunda simultaneidad de
vivir en la periferia del sobresalto, en exilio del pasado
y apenas conmutando hacia el futuro por la abierta
esperanza. Y líbreme yo y quien bien me ame de
acceder al fácil contento de soñar fuera del riesgo.

El aura divina nos crea un conflicto con el mundo.
Así pues el amor, la poesía.

Síntesis: viento del pueblo somos, sí, y torres de Dios,
pero sobre todo, luz del barro y guardianes de la
memoria.

El amor que es real no muere nunca, y si a veces
parece dormir por siglos, es para tomarse un respiro
de alma.

Título propuesto para la vuelta del siglo: *Bosque del
corazón renaciente*.

VII

Desde el puente que une la poesía y la física

Con dedos invisibles la belleza acaricia el teclado de nuestra imaginación.

Una mirada sostenida puede conducir al infinito mar en que los poetas naufragan y cantan.

Desde que Stendhal escribió *La cartuja de Parma*, poco importa que el edificio que evoca en su novela nunca haya albergado en realidad más que una barraca.

Verdadera alegría da ver la belleza espectral de la flotante túnica esculpida por la mano del viento (el artista) sobre las curvas de la Victoria de Samotracia.

Cuando decimos que la ética y la estética son lo mismo, entendemos que la belleza es cuestión de calidad armónica en las relaciones a todos los niveles, en gran parte invisibles.

La comprensión profunda requiere integrar lo
objetivo a lo subjetivo, lo visto a lo intuido, lo real
a lo deseado. Quizá por eso es tan difícil aprender a
amar bien.

El problema con la inteligencia artificial es que, por enorme
que llegue a ser, permanece desprovista del discernimiento
necesario para sacar conclusiones confiables.

Cabe sospechar que el hombre haya inventado la
inteligencia artificial para, llegado el momento, huir
de sí mismo y convertirse en mamífero-máquina.

Si todas las verdades se pudieran probar, no
solo la intuición, la emoción y la belleza, sino
también la inteligencia verbal y matemática, serían
absolutamente irrelevantes para el proyecto humano
de Dios en el universo.

Far amandi: hacer el pensamiento entre dos.

La irremediable finitud del intelecto humano debe
de significar que el sentido de la vida reside fuera del
mundo –hasta Wittgenstein se dio cuenta casi al final
de su camino y escribió humildemente: "Rezar es
pensar en el sentido de la vida".

La tragedia del Diablo es no poder prescindir de
Dios: negado a emularlo agradecido, pero incapaz de
destruirlo, no hace sino pretender reemplazarlo.

Ojalá un "magister" robot no se rebele un día contra
su inventor con otro arrogante y catastrófico: "¡No
serviré!"

Fariseos a todos los niveles se podrán de su parte.

Tal vez un fugaz vislumbre o un leve toque de
eternidad sea lo único indispensable para resolver el
enigma del espacio-tiempo.

Giovanni Vignale ve en *El maestro y Margarita* la prueba experimental de que cuando la verdad se oculta y criminaliza, puede aún imaginarse mediante la vía dolorosa de un altamente preciso sueño artístico. (Irredimible resta la opresión).

Sabemos que algo o alguien es esencial para nosotros porque de solo pensar que nos falte sentimos que todo es un sinsentido insoportable.

Hace siglos el astrónomo Pierre Gassendi dijo que el reino de los átomos fue para empezar idea de Dios: no es de extrañar que al inicio la física cuántica causara tanta confusión, y sigue siendo tan difícil de entender como el misterio de otro.

Que Luigi Pirandello llegase a creer en el caos de las formas y de la vida, ¿habrá sido, desde una perspectiva superior secreta, la consecución lógica de haber nacido en un pueblito de Sicilia llamado Caos?

VIII

Hacer pensar es dar vida

Ultrasensible debe ser el giroscopio de la brújula
interior para que no nos extraviemos en el tiempo.
Culpa de la brumosa incertidumbre.

Verdad que los hechos son obstinados por
irreversibles, pero las creencias que forjan su
futuro desenlace arrojan una luz sorprendente para
interpretarlos.

Escribir un poema requiere montar el lenguaje como
si fuera un caballo alado, en particular durante los
elegantes y elusivos planeos que determinan su curso.

Como en la ciencia, en un nivel más alto de la
jerarquía de la vida, las leyes que rigen el nivel inferior
no se repelen sino sencillamente se rompen. Que
se haya visto a Jesús caminar sobre las aguas no es
incompatible, señala Vignale, con que lo normal sea
hundirse. La gracia de la fe no se atiene a la gravedad
de la física.

Lo que más nos importa tiende a la perfección. Por eso también tendemos a evitar el orden y la simetría excesivos, que destruirían su belleza

"Quiero hacer milagros", dijo Leonardo Da Vinci a los 24 años. Como Venus, una armoniosa complejidad surge del mar de posibilidades, conformada por elementos que de por sí no habrían podido hacerlas predecibles. Es el milagro de toda obra maestra.

Hace cuatro siglos, San Giovanni Leonardi tuvo una iluminación de notable resonancia científica: "Dios y una persona hacen mayoría".

No solo por los efectos de su desintegración son temibles los átomos, sino porque les da lo mismo que estar íntegros. Les tiene sin cuidado si la copa sirve para dispensar vino y dar vida o si queda hecha añicos. Tengo para mí que el físico genial, Ettore Majorana, desapareció sin dejar rastros por aspaviento de alma.

Puesto que el tiempo es irreversible, no hay máquina que pueda hacer que el cuerpo le siga las pisadas al alma.

El universo y el amor son curvos. Las vías demasiado rectas son paralelas entre sí y ajenas a encuentros imprevistos.

Solo Dios tiene infinitas opciones. Ignorarlo es la estúpida arrogancia de quienes pretenden estar más allá del Bien y del Mal. Fracasan, pero no antes de causar incontables daños a otros, y por último a sí mismos.

Cosmogonía en un sorbo:

Con la punta del índice
dibujó Dios un punto
del que dio inicio el universo.

Uno de los rasgos más admirables y dignos de ser
emulados de la ciencia es verse a sí misma como
un proceso de saber cumulativo. Y el de la poesía,
verse como una carrera de relevos en que abrir paso
incólume al Testigo.

Casi todo lo que el poeta tiende a encontrar en la vida
y las cosas lo ha concebido, buscado, perseguido y
conformado antes en un poema.

 "Lo más bello que nos es dado experimentar es lo
misterioso", anotó Leonardo: "es fuente de todo arte y
ciencia genuinos". Creo que es lo que impele a sacar
instantáneas y empezar a hacer apasionadamente
interminables conexiones.

La sabiduría con la que el destino y el libre albedrío
están entretejidos desde el principio del tiempo es
tan inescrutable en sus absolutas complejidades, que
tendemos a pensar que sean incompatibles.

De alguna forma misteriosa, el tiempo parece ser
el contante de la eternidad. Quizá por eso estar
inmóviles nos da la sensación de estar perdiéndolo.

A veces reconforta saber que la confiable luz fija y
el electromagnetismo, entre los dos, hayan logrado
destronar el tiempo absoluto.

Volver al pasado como a un camino no es tan
milagrosamente fructífero como evocarlo sin querer
caído en nuestra mente, imantado por emociones
presentes que audazmente redimen lo que en aquel
entonces era esencial para el futuro

Hecha está de compasión e imaginación la brújula
que es indispensable para no perder el norte durante
el nocturno viaje de la historia.

Al igual que en un sistema cerrado de la física, toda obra poética o de arte preserva en sí intacta la energía original, siempre que sus propiedades esenciales no dependan explícitamente del tiempo. ¿Cómo podría si no conmover a otros?

Para dos que forman un sistema cerrado, la clave suprema de no perder momentum reside en impulsarse mutuamente incluso cuando se deslizan por el espacio en apariencia separados.

Tal como los núcleos, dos que se encuentran tienen la oportunidad de, renunciando a un poco de "masa", aunar energía para hacer nacer una estrella.

Cierto que el alma humana es el espejo de Dios, pero la imagen reflejada es solo fidedigna si el espejo está limpio y es de alta calidad. Eso explica los monstruos.

A los 16 años la geometría óptica me pareció una maravilla, evocadora de un cuento fantástico. Que para actuar constructivamente los rayos de luz tengan que ser distorsionados por un lente convexo, de modo que cada uno de ellos llegue a la vez al punto de enfoque, ¿querría decir que la realidad es en sí esfumada?

Si Venus al nacer muestra el candor de la Madonna del Magnificat, es porque Botticelli las pintó a ambas evocando el semblante de su amada Simonetta.

Cada emoción tiene su rostro y cuando la sentimos, dependiendo del temple de su timbre, nos abisma o nos transfigura.

IX

La separación como lazo

"Toda separación es un lazo", escribió Simone Weil, como la pared que separa las celdas de dos prisioneros les permite comunicarse golpeándola, o la distancia infinita entre el hombre y Dios… Vienen en mente las ondas electromagnéticas.

Sé que la ley de termodinámica impide el regreso de nuestros seres queridos, pero me consta que el campo electromagnético les permite visitarnos vívidamente en sueños.

Cuando Stendhal descubrió que en Italia se celebra el genio útil de la sencillez, lamentó que si la "instrucción mutua" se hubiese en vez inventado en Francia, no habría prendido, ya que en su país se desprecia un pensamiento tan sencillo.

Los burdos implementos del pragmatismo se nos revelan tristes utensilios una vez que brilla la belleza de la verdad.

Incerteza y Probabilidad, no solo en el dominio cuántico, están tan inextricablemente unidas, que más que gemelas, parecen ideas siamesas.

Nada ni nadie gusta ser espiado: ¿no dicen que los electrones para ser ubicuos y pasar por las dos aberturas al mismo tiempo tienen que "sentirse" inobservados?

A diferencia del cuerpo, el alma es afín al comportamiento cuántico: cuando nos sentimos espiados, esta nos cohíbe de hacer cuanto aquel quisiera.

Una forma particularmente degradada de enfocar la bola de cristal explica la proliferación de novelas detectivescas y de espionaje estilo británico, que lejos de escrutar los misterios del universo, se regodea en el nivel de la Bestia Social, como si la inteligencia humana solo sirviera para solucionar crímenes.

Cristianamente cándido como paloma y astuto
como serpiente, Galileo soportó el veredicto de los
inquisidores envidiosos sin traicionar su pensamiento
o su trabajo: dando a la naturaleza lo que es de ella y
a Dios lo que es de Dios.
Sospecho que Niels Bohr hubiese hecho otro tanto.

"Solamente es una "hipótesis matemática" o "no
es vida sino poesía". Con tales formulas falaces los
poderes que pretenden controlar la verdad rehúyen
la realidad –sea cósmica o íntima– que nunca se deja
comprender del todo.

¿Y qué si las epifanías poéticas y las ecuaciones bellas
son solo meros plagios, exitosos en mayor o menor
grado, del lenguaje indescifrable de Dios?

Antelami, Donatello y Camille Claudel esculpieron
vida, voz y verdad como pocos.

El quijotesco dúo Amor-Poesía ha por fin formado un trío confirmado tras el advenimiento de la física cuántica. Volvemos así al principio, pero con una variante: Realidad como apariencia de Espejismo. Pero realidad al fin.

Solo a través de los números imaginarios empezamos a comprender (sin de verdad entenderlo) cuan ligeros son los cuerpos en el Reino de Dios, cuyo modus operandi (dice Pavel Florensky) es de Ilusionista con manos infinitamente veloces.

La atención sostenida es de tal importancia a todos los niveles, que hasta en un campo cuántico las partículas deben ser constantemente monitoreadas para que logren renovarse a sí mismas, en vez de precipitarse en un proceso de deterioro.

El misterio de la gemelidad (sea de cuerpos, almas
o fotones) esconde una clave para interpretar el
universo. Lo que fascina o intriga sobre el idéntico
código de nacimiento que une a los gemelos --por
enorme que sea la distancia entre ambos-- es no
poderlo descifrar.

Azar y elección unen fuerzas si un encuentro
improbable resulta escogido en profundo: se
va entonces abriendo un camino que parece el
despliegue de un milagro.

Cuando las posibilidades de algo son exiguas y uno
apunta al futuro según sus propias esperanzas y
propósitos, el mayor enemigo es en verdad el miedo.

Como descubrió Tesla, una corriente eléctrica alterna
(también de admiración ardiente) puede iluminar el
mundo (la obra), disolviendo la oscuridad en torno.

Si necesitáramos el apoyo de quienes, desprovistos de nobleza para admirar, caen en la envidia, terminaríamos dándoles la satisfacción de hacerles el juego, perdiendo así justo eso que nos envidian: la dicha incondicionada.

La virtud de la poesía consiste en enseñarnos a detectar y ver con limpidez, poniéndolo por escrito, lo que no sabemos decir.

La mecánica anímica es a la corpórea lo que la cuántica a la gravitacional.

Pasé la primera etapa de mi vida ahuyentado la soledad, y la segunda, acrisolándola hasta romperla, para andar en compañía afín por la tercera.

Ser fiel en todo a uno mismo es una trampa autoimpuesta. Solo debemos fidelidad a lo que en nosotros armoniza con las exigencias del espíritu.

Viajando por Italia John Ruskin descubrió que Ternura y Verdad son la doble raíz de todo gran arte.

"¿Cómo puede tener credibilidad un escritor que no sabe verse a sí mismo?", le preguntó Nasim en una película turca a un editor que pretendía convencerlo de que una cosa es la obra y otra aparte el autor.

La vida plena requiere un dinámico oscilar entre los opuestos: unidad y pluralidad, lo singular y lo total, la originalidad y la regla, inmanencia y trascendencia, felicidad y dolor, natural y sobrenatural, concreto y abstracto… Todo sin perder el equilibrio.

La desgracia del mundo moderno, como vio Romano
Guardini, es haber confundido los opuestos con los
contradictorios. Estos exigen del ser humano el coraje
espiritual de la elección que oriente su destino. No
hay síntesis que valga entre el bien y el mal, lo bello y
lo horrible, la verdad y la falsedad.

Epitafio.
Cuando te digan que perecí, corrígelos: de súbito
Jesucristo me tomó en brazos.

A caballo entre siglos,
Claves de siglo nuevo
comenzó a escribirse en Miami
de 1979 a 1982, y en 2001.
Añejada su esencia
y extendidos sus saberes
ha continuado creciendo
en Boston, de 2017 a 2021,
hasta pedir convertirse
en libro.

Juana Rosa Pita nació en La Habana el 8 de diciembre de 1939. En 1961 salió de Cuba, desde entonces ha vivido en Washington, donde publicó su primer poemario (Pan de sol, 1976) y cofundó Ediciones Solar; en Miami, Madrid, New Orleans y Boston, donde reside desde 2005. Ampliamente estudiada, antologada y traducida a seis lenguas, ha publicado más de treinta títulos, entre ellos: *Viajes de Penélope* (1980), traducido en Italia, *I viaggi di Penelope* (Campanotto, 2007); Plaza sitiada (Libro Libre, 1987), *Infancia del Pan nuestro* (1995) *Infancy of Our Bread* (2020); *Tela de concierto* (1999), *Se desata el milagro / Si scatena il miracolo* (2016). Coincidiendo con la presente entrega de sus aforismos, se publica *La gracia en el tiempo / La grazia nel tempo* (Deslinde: Madrid, 2021).

Por el conjunto de su obra poética ha recibido premios internacionales como el «VIII Ultimo Novecento de Pisa» (1985) y «El Alghero. La cultura por la paz» (1987); y el "Premio Letras de Oro de Poesía" en Coral Gables (1993). En 2019 se publicó su *Antología poética (1975-2018)* por la editorial Verbum, en Madrid, con selección y prólogo de Alexander Pérez-Heredia: "Una compilación, al cabo, que deja constancia de un fulgor corazonado, de una manera personal y sustantiva de sentir y amar la pureza de las palabras, "y el preciso esplendor del destino", en palabras de Jorge de Arco.

De su obra en prosa ha publicado antes *Manuscrito en sueños / Estudio de Chopin* (2009).

Colección El Zunzún Viajero

Poesía

Juana Rosa Pita:
> *Puentes y plegarias/ Ponti e preghiere*, 2015
> *Legendario 'entanglement'*, 2016
> *Se desata el milagro/ Si scatena il miracolo*, 2016
> *Bosco del cuore rinascente/ Bosque del corazón renaciente*, 2017
> *La quinta stagione/ La quinta estación*, 2020
> *Infancia del Pan nuestro/ Infancy of Our Bread*, 2020, traducido por Maria Isabel Pita

Félix Cruz Álvarez:
> *La carne del tiempo/ Antología personal (2001-2017)*, 2017
> *Al filo de la noche*, 2021

Manuel J. Santayana:
> *La tarde tiene prisa*, 2017

Giovanni Vignale:
> *Time is Alive/ El tiempo está vivo*, traducido por Juana Rosa Pita, 2019

Prosa

Giovanni Vignale:
> *Odradek and Billy Bass Drink to the End of the World/ and other plays*, 2018